등장인물 소개
동그란 찹쌀떡
찹이
만두
두야
네모난 찹쌀떡
모네
삼각김밥
쎄세
가래떡
래야
떡볶이떡
뽀기
마법의 눈사람
스노노
신비의 새
두두새

읽으면서 바로 써먹는

어린이 신체 관용구 따라쓰기

글·그림 한날

차례

episode. 1
웃고 있는 장승

episode. 2
망태 할아버지의 손짓

episode. 3
폐교에 갇힌 래야

episode. 4
쎄세와 도깨비방망이

episode. 5
모네에게 걸려 온 전화

으~,
문이 잠겼잖아!
끄응

제발 열, 려, 라!
끄응
이히히히히

이히히히
어딜 도망가려고?
꾸에에엑

너…
내가 귀신인 걸
눈치챘구나?
씨익

흐이익! 뭐라고?
너 귀신이었어?
벌러덩

그걸
이제야 눈치채다니.
정말 공부를 못하는
녀석인가 보네~.

흥! 그래도 너보다
신체 관용구는 많이
안다고!
벌떡

지금 상황을 예로 들면,
'등골이 서늘하다'라는 관용구가
있지. 그리고 '살을 떨다'라는
관용구도 쓸 수 있겠군.

그러네~.
정말 신체 관용구는
많이 알고 있구나.

후후!
방법이 궁금할 테지!
내가 특별히 알려 주마!

알려 주는 척
관심을 돌리고
도망가야지!
킥킥.

이 책으로
배우면 된다고!
읽으면서 바로 써먹는
어린이 신체 관용구
따라쓰기

이 안에는
다양한 공부 방법이
들어있다고!

읽으면서 바로 써먹는
어린이 신체 관용구
따라쓰기

04
발이 뜸하다
자주 다니던 것이 한동안 왕래가 없다는 말이에요. 여기서 '왕래'는 가고 오고 함을 뜻해요. 다른 뜻으로는 서로 사귀어 가까이 지낸다는 뜻도 있어요.
우선
처음엔 사전적 의미를
정확하게 알려 주고.

짧은 만화로
어떤 상황에 쓰이는지
보여 주지.
얘들아, 나랑 같이
스스노네 집에
놀러 가자용?
흠, 그러고 보니
우리 아직 스노노네 집에
가 본 적이 없네.
스노노네 집이라면
우리 학교 뒷산이잖아!
오! 가까운걸.
스노노를 본 지도
오래됐잖아.
우리 같이 놀러 가자!
찬성! 스노노가
요즘 너무
발이 뜸했잖아.
스노노 보고 싶어!

래야의 말공부
'뜸하다'는 자주 있던 왕래나 소식 따위가 한동안 없다는 뜻이야. 한동안은 꽤 오랫동안이라는 뜻이야.
그리고 말공부를 통해
추가적인 어휘들을
배울 수 있지!

이게 끝이 아니야!

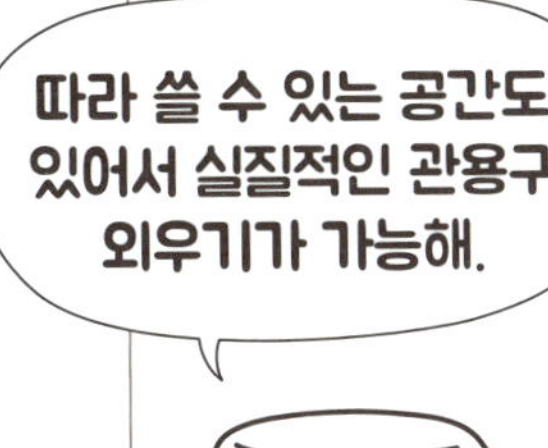
따라 쓸 수 있는 공간도 있어서 실질적인 관용구 외우기가 가능해.

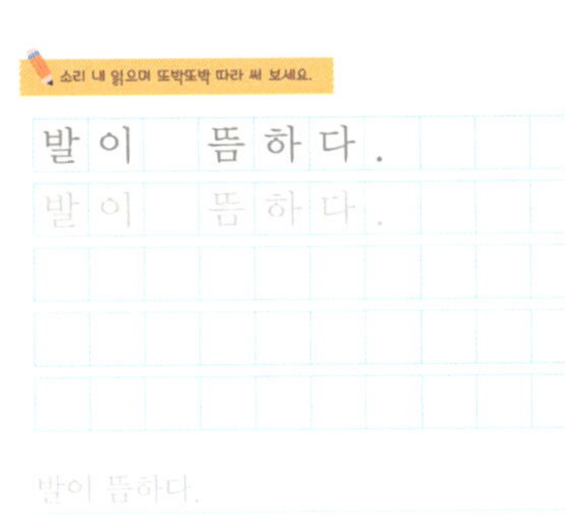
소리 내 읽으며 또박또박 따라 써 보세요.
발이 뜸하다.
발이 뜸하다.
발이 뜸하다.

마지막으로 어떤 상황에 어떻게 써먹을지 적어 볼 수 있는 공간도 있다고!
난 이렇게 써먹을 거야!

우아~, 정말 대단한데?
됐어! 내 설명에 홀딱 빠져버렸어.
근데 말이야….
이때 도망가면 되겠어.
슬금
슬금

귀신은 그런 거 몰라도 되거든.
어서 교실로 가자~.
불쑥

으아아악! 래야 살려!

episode. 1

웃고 있는 장승

등골이 서늘하다

두려움으로 아찔하고 등골이 떨린다는 말이에요. '등골'은 등 한 가운데로 길게 고랑이 진 곳을 말해요.

래야의 말공부

등골이 들어간 관용구로는 **'등골이 빠지다'**도 있어. 견디기 어려울 정도로 몹시 힘이 든다는 말이야.

소리 내 읽으며 또박또박 따라 써 보세요.

등	골	이		서	늘	하	다	.	
등	골	이		서	늘	하	다	.	

등골이 서늘하다.

난 이렇게 써먹을 거야!

02 엉덩이를 붙이다

자리를 잡고 앉는다는 말이에요. 여기서 '붙이다'는 신체의 일부분을 어느 곳에 댄다는 뜻이에요.

귀신들이 밤중에 아이들을 찾으러 떠돌아다닌대.

그러다 약해 보이는 아이를 찾으면 아무도 모르게 산속으로 잡아가 버리는 거지.

그르르르

어쩌면, 그 귀신들이 지금 우리 곁을 떠돌고 있을지도 몰라.

아니, 엉덩이를 붙이고 벌써 우리 옆에 앉아 있을지도….

뭐라고?

여기 있었구나!

요오오오옹

오싹

래야의 말공부

붙이다[부치다]: 맞닿아 떨어지지 않게 하다.

부치다[부치다]: 편지나 물건 따위를 일정한 수단이나 방법을 써서 상대에게로 보내다.

소리 내 읽으며 또박또박 따라 써 보세요.

엉	덩	이	를		붙	이	다	.	
엉	덩	이	를		붙	이	다	.	

엉덩이를 붙이다.

난 이렇게 써먹을 거야!

03 눈을 씻고 보려야 볼 수 없다

아주 드물어 찾기 어렵다는 말이에요. 여기서 '드물다'는 흔하지 않다는 뜻이에요.

너희에게 기쁜 소식을 전해 주러 왔다용. 짠! 이걸 읽어 봐라용.

두두새에게
두두새야~, 잘 지내지?
내가 너를 초대할까 해.
지구에는 맛있는 열매가 엄청 많아.
수수께끼 나라에서는
눈을 씻고 보려야 볼 수 없는 열매들이지.
지금 당장 지구에 있는 우리 집으로 와!
맛있는 열매들을 잔뜩 준비해 둘게.
-스노노가

아~, 스노노네 집에 같이 가자고 온 거구나!

래야의 말공부

비슷한 관용구로는 **'그림자조차 찾을 수 없다'**가 있어. 온데간데없어 도무지 찾을 수 없다는 말이야.

소리 내 읽으며 또박또박 따라 써 보세요.

눈	을		씻	고		보	려	야	
볼		수		없	다	.			

눈	을		씻	고		보	려	야	
볼		수		없	다	.			

눈을 씻고 보려야 볼 수 없다.

난 이렇게 써먹을 거야!

발이 뜸하다

자주 다니던 것이 한동안 왕래가 없다는 말이에요. 여기서 '왕래'는 가고 오고 함을 뜻해요. 다른 뜻으로는 서로 사귀어 가까이 지낸다는 뜻도 있어요.

래야의 말공부

'뜸하다'는 자주 있던 왕래나 소식 따위가 한동안 없다는 뜻이야. 한동안은 꽤 오랫동안이라는 뜻이야.

소리 내 읽으며 또박또박 따라 써 보세요.

발	이		뜸	하	다	.			
발	이		뜸	하	다	.			

발이 뜸하다.

난 이렇게 써먹을 거야!

머리에 맴돌다

분명하지 않은 생각이 계속 떠오른다는 말이에요. 여기서 '맴돌다'는 일정한 범위나 장소에서 되풀이하여 움직인다는 뜻이에요.

잠깐, 모네가 얘기했던 귀신이 나온다는 산이….

혹시 우리 학교 뒷산은 아니겠지?

모네야, 아까부터 머리에 맴도는 생각이 있어서 물어보는데….

귀신이 나온다는 산이 설마 우리 학교 뒷산은 아니지?

잠깐! 그러고 보니….

왜 그래? 장난치지 마, 모네야.

그게… 맞아. 우리 학교 뒷산이야.

비슷한 관용구로는 **'귓전에 맴돌다'**가 있어. 들었던 말이 기억나거나 떠오른다는 말이야. 귓전은 귓바퀴의 가장자리를 뜻해.

소리 내 읽으며 또박또박 따라 써 보세요.

머	리	에		맴	돌	다	.		
머	리	에		맴	돌	다	.		

머리에 맴돌다.

난 이렇게 써먹을 거야!

눈 하나 깜짝 안 하다

태도나 기색이 아무렇지도 않은 듯이 예사롭게 군다는 말이에요. 여기서 '예사롭다'는 늘 가지는 태도와 다른 것이 없다는 뜻이에요.

래야의 말공부

반대 관용구로는 **'오금이 저리다'**가 있어. 저지른 잘못이 들통나거나 그 때문에 나쁜 결과가 있지 않을까 마음을 졸인다는 말이야.

소리 내 읽으며 또박또박 따라 써 보세요.

눈		하	나		깜	짝		안	
하	다	.							
눈		하	나		깜	짝		안	
하	다	.							

눈 하나 깜짝 안 하다.

난 이렇게 써먹을 거야!

코 묻은 돈

어린아이가 가진 적은 돈을 말해요. 여기서 '묻다'는 가루, 풀, 물 따위가 그보다 큰 다른 물체에 들러붙거나 흔적이 남게 된다는 뜻이에요.

이 관용구가 들어간 속담으로는 **'코 묻은 돈이라도 뺏어 먹겠다'**가 있어. 하는 행동이 너무나 치사하고 마음에 거슬리는 경우를 비꼬는 말이야.

소리 내 읽으며 또박또박 따라 써 보세요.

코		묻	은		돈	.			
코		묻	은		돈	.			

코 묻은 돈.

난 이렇게 써먹을 거야!

08 눈동냥 귀동냥

주위나 곁에서 지식 따위를 얻어 보고, 얻어 들어 갖게 되는 일을 말해요. '동냥'은 거지가 돌아다니며 돈이나 물건 따위를 구걸하는 일 또는 그렇게 얻은 돈이나 물건을 뜻해요.

이…, 이게 뭐야? 너무 무섭게 생겼잖아.

무서워할 필요 없어. 이건 산을 지키는 장승이야.

장승은 산으로 들어오는 잡귀를 쫓아내는 수호신 같은 거야.

아하, 그렇구나. 이제 좀 안심이 되네.

우아~, 모네는 그런 걸 어떻게 알았어?

후훗, 눈동냥 귀동냥으로 알게 된 거야.

래야의 말공부

동냥이 들어간 관용구로는 **'동냥을 보내다'**가 있어. 제대로 듣고 보지 못하거나 일하기 싫어하는 사람을 나무라거나 핀잔하는 말이야.

소리 내 읽으며 또박또박 따라 써 보세요.

눈동냥 귀동냥.

눈동냥 귀동냥.

눈동냥 귀동냥.

난 이렇게 써먹을 거야!

오금을 펴다

마음을 놓고 여유 있게 지낸다는 말이에요. '오금'은 무릎의 구부러지는 오목한 안쪽 부분을 뜻해요.

펴다[펴다]: 굽은 것을 곧게 하다 또는 움츠리거나 구부리거나 오므라든 것을 벌리다.
피다[피다]: 꽃봉오리 따위가 벌어지다.

소리 내 읽으며 또박또박 따라 써 보세요.

오금을 펴다.

오금을 펴다.

오금을 펴다.

난 이렇게 써먹을 거야!

다리품을 팔다

길을 많이 걷는다는 말이에요. 또 다른 말로는 남에게 품삯을 받고 먼 길을 걸어서 다녀온다는 말도 있어요. 여기서 '품삯'은 일을 하여 대가로 받은 돈이나 물건을 말해요.

어제 학교 뒷산 입구를 지나갈 때도 장승은 분명히 없었어!

그럼 대체 입구에 있던 장승은 뭐지?

그러게….

얘들아, 산속이 점점 어두워지고 있어. 얼른 스노노네 집부터 찾자.

지금부터라도 열심히 다리품을 팔아야 도착한다고!

응. 생각할수록 으스스해! 빨리 가자!

래야의 말공부

'다리품'은 길을 걷는 데 드는 노력을 뜻해. 품은 어떤 일에 드는 힘이나 수고 또는 삯을 받고 하는 일을 뜻해.

소리 내 읽으며 또박또박 따라 써 보세요.

다	리	품	을		팔	다	.		
다	리	품	을		팔	다	.		

다리품을 팔다.

난 이렇게 써먹을 거야!

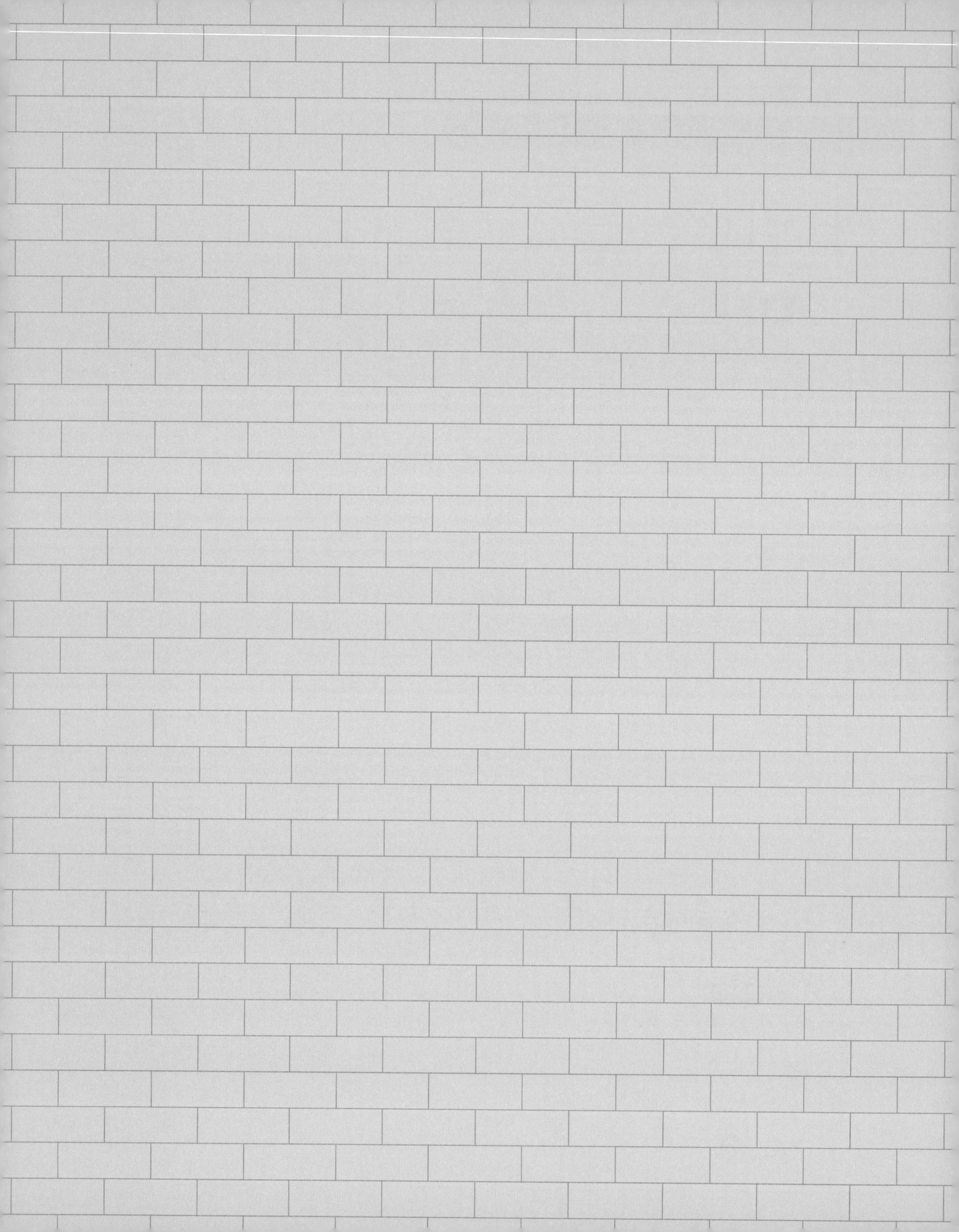

episode. 2

망태 할아버지의 손짓

11 한 다리 걸치다

일의 한몫을 담당한다는 말이에요. 또 다른 말로는 한편으로 관계를 가진다는 말도 있어요. '한 다리 끼다'라고도 말해요.

래야의 말공부

'걸치다'의 뜻 ① 어떤 물체를 다른 물체에 얹어 놓다.
② 옷이나 착용구 또는 이불 따위를 아무렇게나 입거나 덮다.
③ 가로질러 걸리다.

소리 내 읽으며 또박또박 따라 써 보세요.

한		다	리		걸	치	다	.	
한		다	리		걸	치	다	.	

한 다리 걸치다.

난 이렇게 써먹을 거야!

눈에 넣어도 아프지 않다

매우 귀엽다는 말이에요. 사랑하는 대상을 말할 때 많이 쓰여요.

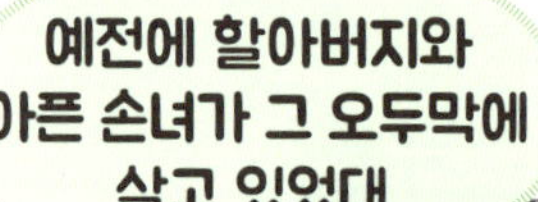

비슷한 사자성어로는 **'애지중지(愛之重之)'**가 있어. 매우 사랑하고 소중히 여기는 모양을 말해.

소리 내 읽으며 또박또박 따라 써 보세요.

눈에 넣어도 아프지 않다.

눈에 넣어도 아프지 않다.

눈에 넣어도 아프지 않다.

난 이렇게 써먹을 거야!

허리가 휘어지다

감당하기 어려운 일을 하느라 힘에 부친다는 말이에요. 여기서 '부치다'는 모자라거나 미치지 못한다는 뜻이에요.

'감당하다'의 뜻 ① 일 따위를 맡아서 능히 해내다.
② 능히 견디어 내다.

소리 내 읽으며 또박또박 따라 써 보세요.

허	리	가		휘	어	지	다	.	
허	리	가		휘	어	지	다	.	

허리가 휘어지다.

난 이렇게 써먹을 거야!

뒤통수를 때리다

믿음과 의리를 저버린다는 말이에요. '뒤통수'는 머리의 뒷면을 뜻하며, 뒷머리라고도 말해요.

반대 관용구로는 **'뒤통수를 맞다'**가 있어. 배신이나 배반을 당한다는 말이야. 여기서 배반은 믿음과 의리를 저버리고 돌아선다는 뜻이야.

소리 내 읽으며 또박또박 따라 써 보세요.

뒤	통	수	를		때	리	다	.	
뒤	통	수	를		때	리	다	.	

뒤통수를 때리다.

난 이렇게 써먹을 거야!

귀를 의심하다

믿기 어려운 이야기를 들어 잘못 들은 것이 아닌가 생각한다는 말이에요.

'의심하다'는 확실히 알 수 없어서 믿지 못한다는 뜻이야.

소리 내 읽으며 또박또박 따라 써 보세요.

귀	를		의	심	하	다	.		
귀	를		의	심	하	다	.		

귀를 의심하다.

난 이렇게 써먹을 거야!

귓등으로도 안 듣는다

어떤 말을 마음에 새겨듣지 않고 들은 체 만 체 한다는 말이에요. '새겨듣다'는 잊지 않도록 주의해서 듣는다 또는 말하고자 하는 본뜻을 잘 헤아려 듣는다는 뜻이에요.

비슷한 관용구로는 **'귓등으로 흘리다'**가 있어. 귀담아 듣지 않고 듣는 둥 마는 둥 한다는 말이야. 귓등으로 흘려보내다라고도 말해.

소리 내 읽으며 또박또박 따라 써 보세요.

귓	등	으	로	도		안		듣	는
다	.								

귓	등	으	로	도		안		듣	는
다	.								

귓등으로도 안 듣는다.

난 이렇게 써먹을 거야!

17 눈 밖에 나다

신임을 잃고 미움을 받게 된다는 말이에요. 여기서 '신임'은 믿고 일을 맡길 수 있는 믿음이라는 뜻이에요.

반대 관용구로는 **'눈에 차다'**가 있어. 흡족하게 마음에 든다는 말이야.

소리 내 읽으며 또박또박 따라 써 보세요.

눈		밖	에		나	다	.		
눈		밖	에		나	다	.		

눈 밖에 나다.

난 이렇게 써먹을 거야!

발걸음을 재촉하다

길을 갈 때에 빨리 서둘러 간다는 말이에요. '재촉하다'는 어떤 일을 빨리하도록 조른다는 뜻이에요.

잠깐만용! 할아버지에게 망태기가 없었다용.

흠, 듣고 보니 그러네.

할아버지가 아이들을 용서했다는 소문이 사실이었나 봐.

망태 할아버지가 아니라 산을 지키는 산지기귀신이 되셨구나.

정말 다행이야~. 근데 시간이 너무 지체됐어.

어두워지기 전에 도착하려면 발걸음을 재촉해야 한다고!

래야의 말공부

비슷한 관용구로는 **'길을 재촉하다'**가 있어. 길을 갈 때에 빨리 서둘러 간다 또는 빨리 갈 것을 요구한다는 말이야.

소리 내 읽으며 또박또박 따라 써 보세요.

발	걸	음	을		재	촉	하	다	.
발	걸	음	을		재	촉	하	다	.

발걸음을 재촉하다.

난 이렇게 써먹을 거야!

머리를 맞대다

어떤 일을 의논하거나 결정하기 위하여 서로 마주 대한다는 말이에요. '의논하다'는 어떤 일에 대하여 서로 의견을 주고받는다는 뜻이에요.

에구구, 우리가 얼마나 올라온 거지?

아무도 시계가 없으니 몇 시인지 알 수도 없고, 참~.

근데 스노노네 집이 왜 안 보이지?

휙

휙

휙

흐잉, 산속에서 길을 잃은 거야?

어떡하지? 금방 어두워질 텐데.

자~, 진정하고 우리 머리를 맞대서 방법을 찾아보자.

그래! 머리를 맞대면 좋은 생각이 떠오를지도 몰라.

'맞대다'의 뜻 ① 서로 가깝게 마주 대하다.
② 같은 자격으로 서로 비교하다.
③ 서로 마주 닿게 하다.

소리 내 읽으며 또박또박 따라 써 보세요.

머	리	를		맞	대	다	.		
머	리	를		맞	대	다	.		

머리를 맞대다.

난 이렇게 써먹을 거야!

20 머리를 굴리다

머리를 써서 해결 방안을 생각해 낸다는 말이에요. 여기서 '굴리다'는 좋은 방법을 찾기 위해 생각을 이리저리 한다는 뜻이에요.

래야의 말공부

비슷한 관용구로는 **'잔머리를 굴리다'**가 있어. 머리를 써서 얕은꾀를 생각해 낸다는 말이야.

소리 내 읽으며 또박또박 따라 써 보세요.

머리를 굴리다.

머리를 굴리다.

머리를 굴리다.

난 이렇게 써먹을 거야!

목에 거미줄 치다

곤궁하여 아무것도 먹지 못하는 처지가 된다는 말이에요. 여기서 '곤궁하다'는 가난하여 살림이 구차하다는 뜻이에요.

산꼭대기에 올라가서 스노노네 집을 찾는 건 식은 죽 먹기네!

하하~, 역시 머리를 맞대니까 해결책이 나오는군.

끄응

좋아! 얘들아, 지금부터는 좀 더 속도를 높여서 산꼭대기로 가자.

툭

응, 그러자. 빨리 스노노네 집을 찾아야겠어. 아침부터 아무것도 안 먹었더니 너무 배가 고파.

툭

툭

맞아. 이렇게 목에 거미줄 치는 신세가 될 줄이야.

꼬르륵

목이 들어간 관용구로는 **'목에 힘이 들어가다'**가 있어. 자신의 권위나 능력 따위를 뽐낸다는 말이야.

소리 내 읽으며 또박또박 따라 써 보세요.

목에 거미줄 치다.

목에 거미줄 치다.

목에 거미줄 치다.

난 이렇게 써먹을 거야!

22 눈 깜짝할 사이

매우 짧은 순간을 말해요. 비슷한 말로 '순식간'이 있어요. 눈을 한 번 깜짝하거나 숨을 한 번 쉴 만한 아주 짧은 동안이라는 뜻이에요.

얘들아, 빨리 들어와! 여기서 숨자.

쑤욱

그게 좋겠어, 헉헉.

여긴 마치 덩굴로 된 동굴 같아.

숨는다고 들어왔는데, 숨을 곳이 전혀 없잖아!

휙 휙

큰일이네! 곧 귀신도 따라 들어올 거라고!

잠깐! 만약 귀신이 우릴 쫓아왔으면 **눈 깜짝할 사이**에 우리를 따라잡았을 텐데.

뭔가 이상해.

흠

반대 관용구로는 **'해와 달이 바뀌다'**가 있어. 세월이 많이 지났다는 말이야.

소리 내 읽으며 또박또박 따라 써 보세요.

눈		깜	짝	할		사	이	.	
눈		깜	짝	할		사	이	.	

눈 깜짝할 사이.

난 이렇게 써먹을 거야!

발을 구르다

매우 안타까워하거나 다급해한다는 말이에요. 여기서 '다급하다'는 일이 바싹 닥쳐서 매우 급하다는 뜻이에요.

'구르다'의 뜻 ① 선 자리에서 발로 바닥을 힘주어 치다.
② 그네 발판 따위에 몸무게를 실어 힘껏 누르다.

소리 내 읽으며 또박또박 따라 써 보세요.

발	을		구	르	다	.			
발	을		구	르	다	.			

발을 구르다.

난 이렇게 써먹을 거야!

머리를 식히다

흥분되거나 긴장된 마음을 가라앉힌다는 말이에요. 여기서 '가라앉히다'는 흥분이나 아픔, 괴로움 따위를 수그러들게 하거나 사라지게 한다는 뜻이에요.

식히다(○) VS 식키다(×), 녹이다(○) VS 녹히다(×), 붙이다(○) VS 붙히다(×)

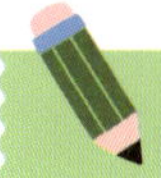

소리 내 읽으며 또박또박 따라 써 보세요.

머	리	를		식	히	다	.		
머	리	를		식	히	다	.		

머리를 식히다.

난 이렇게 써먹을 거야!

episode. 3

폐교에 갇힌 래야

손을 맞잡다

서로 뜻을 같이 하여 긴밀하게 협력한다는 말이에요. '협력'은 힘을 합하여 서로 돕는다는 뜻이에요.

비슷한 관용구로는 **'한마음 한뜻'**이 있어. 여러 사람의 마음과 뜻이 하나와 같다는 말이야.

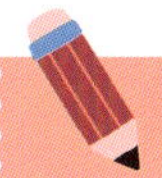

소리 내 읽으며 또박또박 따라 써 보세요.

손	을		맞	잡	다	.			
손	을		맞	잡	다	.			

손을 맞잡다.

난 이렇게 써먹을 거야!

손에 잡힐 듯하다

매우 가깝게 또는 또렷하게 보인다는 말이에요. '또렷하다'는 엉클어지거나 흐리지 않고 분명하다는 뜻이에요.

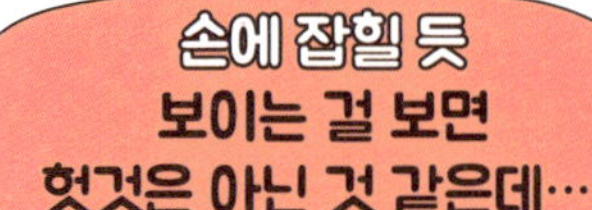

래야의 말공부

반대 관용구로는 **'뜬구름 잡다'**가 있어. 막연하거나 허황된 것을 좇는다는 말이야. 여기서 '허황되다'는 헛되고 황당하며 믿음이 가지 않는다는 뜻이야.

소리 내 읽으며 또박또박 따라 써 보세요.

손	에		잡	힐		듯	하	다	.
손	에		잡	힐		듯	하	다	.

손에 잡힐 듯하다.

난 이렇게 써먹을 거야!

눈에 보이는 것이 없다

사리 분별을 못한다는 말이에요. '사리 분별'은 무엇이 바르고 옳은 일인지 구별하고 판단하는 일을 뜻해요.

눈이 들어간 관용구로는 **'보는 눈이 있다'**가 있어. 사람이나 일 따위를 평가하는 능력이 있다는 말이야.

소리 내 읽으며 또박또박 따라 써 보세요.

눈	에		보	이	는		것	이	
없	다	.							

눈	에		보	이	는		것	이	
없	다	.							

눈에 보이는 것이 없다.

난 이렇게 써먹을 거야!

귀가 따갑다

소리가 날카롭고 커서 듣기에 괴롭다 또는 너무 여러 번 들어서 듣기가 싫다는 말이에요.

'**따갑다**'의 뜻 ① 살갗이 따끔거릴 만큼 열이 썩 높다.
② 눈길이나 충고 따위가 매섭고 날카롭다.
③ 살을 찌르는 듯이 아픈 느낌이 있다.

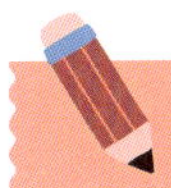

소리 내 읽으며 또박또박 따라 써 보세요.

귀	가		따	갑	다	.			
귀	가		따	갑	다	.			

귀가 따갑다.

난 이렇게 써먹을 거야!

눈앞이 캄캄하다

어찌할 바를 몰라 아득하다는 말이에요. 여기서 '아득하다'는 어떻게 하면 좋을지 몰라 막막하다는 뜻이에요.

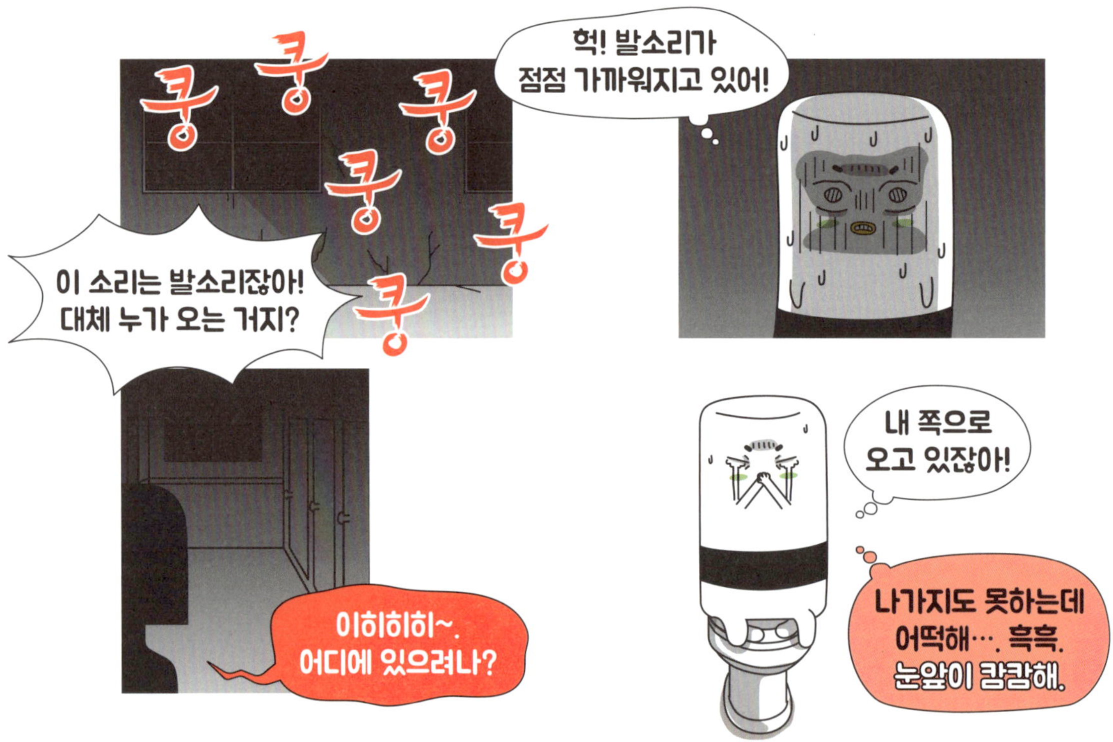

반대 관용구로는 **'눈앞이 환해지다'**가 있어. 전망이나 앞길이 뚜렷해진다는 말이야. 또 다른 말로는 세상 사정을 똑똑히 알게 된다는 말도 있어.

소리 내 읽으며 또박또박 따라 써 보세요.

눈	앞	이		캄	캄	하	다	.	
눈	앞	이		캄	캄	하	다	.	

눈앞이 캄캄하다.

난 이렇게 써먹을 거야!

입이 귀밑까지 찢어지다

기쁘거나 즐거워 입이 크게 벌어진다는 말이에요. '입이 귀밑까지 이르다'라고도 말해요.

조~~~~~용

발자국 소리가 안 나잖아. 갔나?

드디어 찾았다! 기뻐서 입이 귀밑까지 찢어지겠어. 이히히히히~.

꾸에에에엑

래야의 말공부

한 단어로 말하면 **'함박웃음'**이라고 말할 수 있어. 크고 환하게 웃는 웃음이라는 뜻이야.

소리 내 읽으며 또박또박 따라 써 보세요.

입	이		귀	밑	까	지		찢	어
지	다	.							

입	이		귀	밑	까	지		찢	어
지	다	.							

입이 귀밑까지 찢어지다.

난 이렇게 써먹을 거야!

31 낯을 못 들다

창피하여 남을 떳떳이 대하지 못한다는 말이에요. '떳떳이'는 굽힐 것이 없이 당당하게라는 뜻이에요.

그러니까 넌 귀신이 아니라 학교에 남은 마지막 학생이라는 거지?

그렇다니까!

휴~, 귀신인 줄 알고 깜짝 놀랐잖아!

갑자기 나타나서 미안해. 놀라게 할 생각은 없었어.

괜찮아. 그냥 지금 난 낯을 못 들 뿐이니까.

응? 그게 무슨 말이야?

똥 누는 모습을 코앞에서 보여 줬는데, 창피해서 낯을 못 들 수밖에.

래야의 말공부

'낯'의 뜻 ① 눈, 코, 입 따위가 있는 얼굴의 바닥.
② 남을 대할 만한 체면.

소리 내 읽으며 또박또박 따라 써 보세요.

낯	을		못		들	다	.		
낯	을		못		들	다	.		

낯을 못 들다.

난 이렇게 써먹을 거야!

무릎을 마주하다

서로 가까이 마주 앉는다는 말이에요. '무릎을 같이하다', '무릎을 맞대다'라고도 말해요.

'마주하다'는 서로 똑바로 향해 대한다는 뜻이야.

소리 내 읽으며 또박또박 따라 써 보세요.

무	릎	을		마	주	하	다	.	
무	릎	을		마	주	하	다	.	

무릎을 마주하다.

난 이렇게 써먹을 거야!

코끝도 볼 수 없다

도무지 나타나지 않아 전혀 볼 수 없다는 말이에요. '코끝'은 콧등의 끝을 뜻해요.

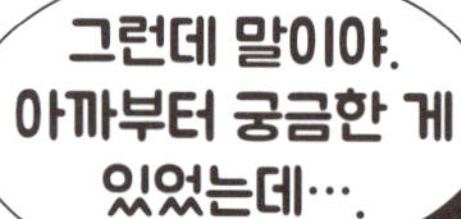

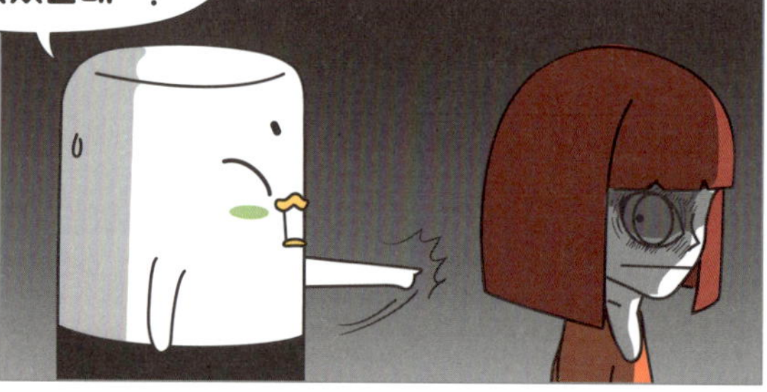

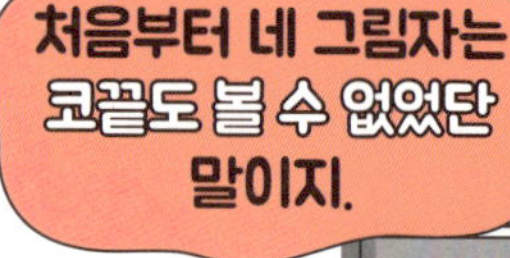

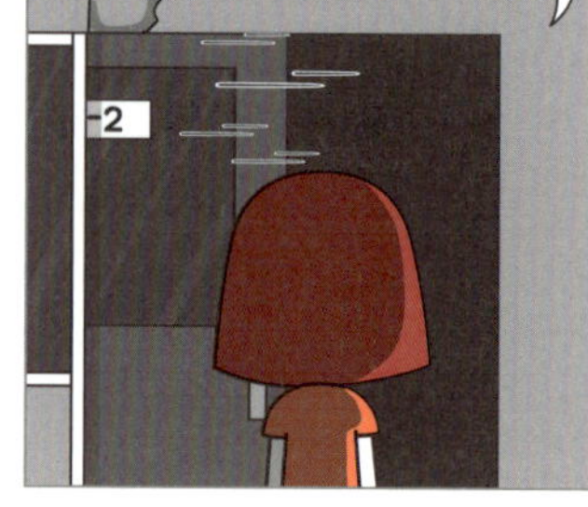

비슷한 관용구로는 **'코빼기도 못 보다'**가 있어.

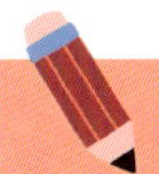

소리 내 읽으며 또박또박 따라 써 보세요.

코	끝	도		볼		수		없	다.
코	끝	도		볼		수		없	다.

코끝도 볼 수 없다.

난 이렇게 써먹을 거야!

목을 축이다

목이 말라 물 따위를 마신다는 말이에요. 여기서 '축이다'는 물 따위에 적시어 축축하게 한다는 뜻이에요.

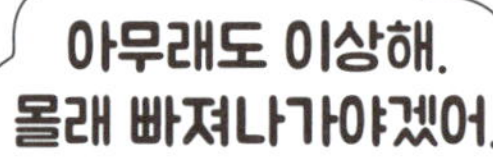

반대 관용구로는 **'목이 타다'**가 있어. 심하게 갈증을 느낀다는 말이야.

소리 내 읽으며 또박또박 따라 써 보세요.

목을 축이다.

목을 축이다.

목을 축이다.

난 이렇게 써먹을 거야!

입의 혀 같다

일을 시키는 사람의 뜻대로 움직여 준다는 말이에요. 여기서 '뜻대로'는 마음먹은 대로라는 뜻이에요.

래야의 말공부

허가 들어간 관용구로는 **'혀를 내두르다'**가 있어. 몹시 놀라거나 어이없어서 말을 못 한다는 말이야.

소리 내 읽으며 또박또박 따라 써 보세요.

입	의		혀		같	다	.		
입	의		혀		같	다	.		

입의 혀 같다.

난 이렇게 써먹을 거야!

episode. 4

쎄쎄와 도깨비방망이

머리 꼭대기에 앉다

상대방의 생각이나 행동을 꿰뚫는다는 말이에요. 또 다른 말로는 잘난 체하며 남을 업신여긴다는 말도 있어요.

머리가 들어간 관용구로는 **'머리에 쥐가 나다'**가 있어. 싫고 두려운 상황에서 의욕이나 생각이 없어진다는 말이야.

소리 내 읽으며 또박또박 따라 써 보세요.

머	리		꼭	대	기	에		앉	다
머	리		꼭	대	기	에		앉	다

머리 꼭대기에 앉다.

난 이렇게 써먹을 거야!

발등에 불이 떨어지다

일이 몹시 절박하게 닥친다는 말이에요. 여기서 '절박하다'는 어떤 일이나 때가 가까이 닥쳐서 몹시 급하다는 뜻이에요.

앗!

끔뻑

끔뻑

뭐야? 애들을
어떻게 찾을지 생각하다가
잠이 든 거야?

아직 좋은 생각을
찾지 못했는데,
벌써 어두워졌잖아.

더 어두워지기 전에
얼른 애들을
찾아야 해!

이거 정말
발등에 불이 떨어졌는걸.

비슷한 관용구로는 **'불똥이 떨어지다'**가 있어. '불똥'은 심지의 끝이 다 타서 엉기어 붙은 찌꺼기 또는 불에 타고 있는 물건에서 튀어나오는 아주 작은 불덩이를 말해.

소리 내 읽으며 또박또박 따라 써 보세요.

발	등	에		불	이		떨	어	지
다	.								

발	등	에		불	이		떨	어	지
다	.								

발등에 불이 떨어지다.

난 이렇게 써먹을 거야!

38

살을 떨다

몹시 무섭거나 격분하여 온몸을 떤다는 말이에요. 여기서 '격분하다'는 몹시 분하고 노여운 감정이 북받쳐 오른다는 뜻이에요.

으악,
깜짝이야!
너 덩굴문을 나와서
친구들을 잃어버렸지?
그걸 어떻게
안 거야?
계속 널
지켜보고 있었어.
그 덩굴은 귀신이
만들어 놓은
함정이라고.
쯧쯧
헉! 어쩐지.
그래서 내 친구들이
모두 사라진 거구나!
으~.
나쁜 귀신!
그렇게
살을 떨어도
소용없어.

반대 관용구로는 **'간이 크다'**가 있어. 겁이 없고 매우 대담하다는 뜻이야.

소리 내 읽으며 또박또박 따라 써 보세요.

살	을		떨	다	.				
살	을		떨	다	.				

살을 떨다.

난 이렇게 써먹을 거야!

배부른 흥정

되면 좋고 안 돼도 크게 아쉽다거나 안타까운 것이 없는 흥정이라는 말이에요. 여기서 '흥정'은 자기에게 조금이라도 더 유리하도록 상대편에게 수작을 건다는 뜻이에요.

흥정이 들어간 속담으로는 **'흥정은 붙이고 싸움은 말리랬다'**가 있어. 좋은 일은 도와주고 궂은 일은 말리라는 말이야.

소리 내 읽으며 또박또박 따라 써 보세요.

배 부 른 흥 정 .

배 부 른 흥 정 .

배부른 흥정.

난 이렇게 써먹을 거야!

40 오금이 쑤시다

무슨 일을 하고 싶어 가만히 있지 못한다는 말이에요. 여기서 '쑤시다'는 신체의 일부분이 바늘로 찌르는 것처럼 아픈 느낌이 든다는 뜻이에요.

산도깨비야, 나랑 재미있는 내기하자.

좋아!

역시 내기를 좋아한다는 게 사실이었군.

내기는 간단해. 이 종이에 상대방이 할 행동을 예측해서 적으면 돼.

그리고 상대방이 이 행동을 먼저 하게 만들면 이기는 거지! 어때?

킥킥~, 좋아!

내기에서 진 사람이 소원 들어주기다!

알았어! 오금이 쑤시니까 얼른 시작하자고!

반대 관용구로는 **'김이 식다'**가 있어. 재미나 의욕이 없어진다는 말이야.

소리 내 읽으며 또박또박 따라 써 보세요.

오	금	이		쓰	시	다	.		
오	금	이		쓰	시	다	.		

오금이 쑤시다.

난 이렇게 써먹을 거야!

입을 딱 벌리다

너무 기가 막혀 어이가 없거나 매우 놀라워한다는 말이에요. '기막히다'는 어떤 일이 놀랍거나 언짢아서 어이없다 또는 어떻다고 말할 수 없을 만큼 좋다는 뜻이에요.

입이 들어간 관용구로는 **'입만 아프다'**가 있어. 여러 번 말하여도 받아들이지 않아 말한 보람이 없다는 말이야.

소리 내 읽으며 또박또박 따라 써 보세요.

입	을		딱		벌	리	다	.	
입	을		딱		벌	리	다	.	

입을 딱 벌리다.

난 이렇게 써먹을 거야!

42 낯이 있다

안면이 있다는 말이에요. 여기서 '안면'은 서로 얼굴을 알 만한 친분이라는 뜻이에요.

낯이 들어간 관용구로는 **'낯을 돌리다'**, **'낯이 넓다'**처럼 재미있는 관용구가 많아.

소리 내 읽으며 또박또박 따라 써 보세요.

낮	이		있	다	.				
낮	이		있	다	.				

낮이 있다.

난 이렇게 써먹을 거야!

머리에 피도 안 마르다

나이가 어리다는 말이에요. 또 다른 말로는 아직 어른이 되려면 멀었다는 말도 있어요.

비슷한 관용구로는 **'꼭뒤에 피도 안 마르다'**, **'이마에 피도 안 마르다'**가 있어.

소리 내 읽으며 또박또박 따라 써 보세요.

머	리	에		피	도		안		마
르	다	.							

머	리	에		피	도		안		마
르	다	.							

머리에 피도 안 마르다.

난 이렇게 써먹을 거야!

코를 납작하게 만들다

기를 죽인다는 말이에요. 여기서 '기'는 활동하는 힘이라는 뜻이에요.

으악!!
산도깨비가 화나면
몸이 엄청 커지는구나.

윽!
산도깨비를
화나게 하지 말란
말을 잠시 잊었군.

얼른 이곳에서 떠나라!
아니면 정말 코를 납작하게
만들어 줄 테니!

알았어. 그럼
이만 난 물러날게.

'납작하다'는 판판하고 얇으면서 좀 넓다는 뜻이야. 비슷한 말로는 넓적하다가 있어.

소리 내 읽으며 또박또박 따라 써 보세요.

코를 납작하게 만들다.

코를 납작하게 만들다.

코를 납작하게 만들다.

난 이렇게 써먹을 거야!

얼굴을 비치다

모임 따위에 모습을 나타낸다는 말이에요. '얼굴을 내밀다', '얼굴을 내놓다'라고도 말해요.

래야의 말공부

'비치다'의 뜻 ① 빛이 나서 환하게 되다.
② 물체의 그림자나 영상이 나타나 보이다.
③ 얼굴이나 눈치 따위를 잠시 또는 약간 나타내다.

소리 내 읽으며 또박또박 따라 써 보세요.

얼	굴	을		비	치	다	.		
얼	굴	을		비	치	다	.		

얼굴을 비치다.

난 이렇게 써먹을 거야!

episode. 5

모네에게 걸려 온 전화

입을 모으다

여러 사람이 같은 의견을 말한다는 말이에요. 여기서 '의견'은 어떤 대상에 대하여 가지는 생각을 뜻해요.

모으다라는 동사가 들어간 관용구로는 **'눈길을 모으다'**, **'머리를 모으다'** 등이 있어. 여기서 모으다는 시선, 의견 등을 한곳에 집중한다는 뜻이야.

소리 내 읽으며 또박또박 따라 써 보세요.

입	을		모	으	다	.			
입	을		모	으	다	.			

입을 모으다.

난 이렇게 써먹을 거야!

눈이 빠지게 기다리다

몹시 애타게 오랫동안 기다린다는 말이에요. 여기서 '애타다'는 몹시 답답하거나 안타까워 속이 끓는 듯하다는 뜻이에요.

비슷한 관용구로는 **'눈알이 빠지게 기다리다'**가 있어.

소리 내 읽으며 또박또박 따라 써 보세요.

눈이 빠지게 기다리다.

눈이 빠지게 기다리다.

눈이 빠지게 기다리다.

난 이렇게 써먹을 거야!

얼굴빛을 바로잡다

얼굴에 엄정한 빛이나 표정을 나타낸다는 말이에요. 여기서 '엄정하다'는 엄격하고 바르다 또는 날카롭고 공정하다는 뜻이에요.

'바로잡다'의 뜻 ① 굽거나 비뚤어진 것을 곧게 하다.

② 그릇된 일을 바르게 만들거나 잘못된 것을 올바르게 고치다.

소리 내 읽으며 또박또박 따라 써 보세요.

얼	굴	빛	을		바	로	잡	다	.
얼	굴	빛	을		바	로	잡	다	.

얼굴빛을 바로잡다.

난 이렇게 써먹을 거야!

낯이 깎이다

체면이 손상된다는 말이에요. 여기서 '체면'은 남을 대하기에 떳떳한 도리나 얼굴을 뜻해요.

헉! 두두새인가?

뜨헉!

도망가지 마용! 나다용!

이건 두두새 목소리잖아!

여보세요? 두두새 맞지? 나 모네야.

귀신이 전화한 줄 알았네, 휴~.

끄응, 맞다용. 내가 살려 달라고 했는데, 무섭다고 도망가다니용.

어떻게 알았지?

설마 내가 그렇게 **낯이 깎일** 행동을 했겠어?

도망가는 소리가 다 들렸다용.

반대 관용구로는 **'어깨를 펴다'**가 있어. 굽힐 것이 없이 당당하다는 말이야.

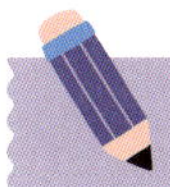

소리 내 읽으며 또박또박 따라 써 보세요.

낮	이		깎	이	다	.			
낮	이		깎	이	다	.			

낯이 깎이다.

난 이렇게 써먹을 거야!

귀에 딱지가 앉다

같은 말을 여러 번 듣는다는 말이에요. 여기서 '딱지'는 헌데나 상처에서 피, 고름, 진물 따위가 나와 말라붙어 생긴 껍질을 뜻해요.

비슷한 관용구로는 **'귀에 못이 박히다'**, **'귀에 싹이 나다'**가 있어.

소리 내 읽으며 또박또박 따라 써 보세요.

귀	에		딱	지	가		앉	다	.
귀	에		딱	지	가		앉	다	.

귀에 딱지가 앉다.

난 이렇게 써먹을 거야!

머리를 쥐어짜다

몹시 애를 써서 궁리한다는 말이에요. 여기서 '궁리하다'는 마음 속으로 이리저리 따져 깊이 생각한다는 뜻이에요.

'쥐어짜다'의 뜻 ① 억지로 쥐어서 비틀거나 눌러 액체 따위를 꼭 짜내다.
② 어떤 행동을 하도록 오기 있게 떼를 쓰며 조르거나 괴롭히다.
③ 이리저리 궁리하여 골똘히 생각하다.

소리 내 읽으며 또박또박 따라 써 보세요.

머	리	를		쥐	어	짜	다	.	
머	리	를		쥐	어	짜	다	.	

머리를 쥐어짜다.

난 이렇게 써먹을 거야!

얼굴이 피다

얼굴에 살이 오르고 화색이 돈다는 말이에요. 여기서 '화색'은 얼굴에 드러나는 온화하고 환한 빛을 뜻해요.

후훗!
두두새야,
드디어 꽃밭을
찾았어!

그런데 어두운 숲속에서
갑자기 이런 꽃밭이 나타나다니…,
정말 귀신이 곡할 노릇이군.

두리번
두리번

어쨌든 이제 너를
찾기만 하면 된다고!

역시 모네다용~.
이제 살았다용!

휴~, 이제야
얼굴이 피는 것
같다용.

래야의 말공부

얼굴이 들어간 관용구로는 **'얼굴이 꽹과리 같다'**, **'얼굴이 선지 방구리가 되다'**처럼 재미있는 관용구가 많아.

소리 내 읽으며 또박또박 따라 써 보세요.

얼굴이 피다.

얼굴이 피다.

얼굴이 피다.

난 이렇게 써먹을 거야!

발을 디딜 틈이 없다

복작거리어 혼잡스럽다는 말이에요. '복작거리다'는 많은 사람이 좁은 곳에 모여 수선스럽게 자꾸 들끓는다는 뜻이에요.

'디디다'의 뜻 ① 발을 올려놓고 서거나 발로 내리누르다.

② 누룩이나 메주 따위의 반죽을 보자기에 싸서 발로 밟아 덩어리를 짓다.

③ 어려운 상황 따위를 이겨 내다.

소리 내 읽으며 또박또박 따라 써 보세요.

발	을		디	딜		틈	이		없
다	.								

발	을		디	딜		틈	이		없
다	.								

발을 디딜 틈이 없다.

난 이렇게 써먹을 거야!

54

팔을 걷어붙이다

어떤 일에 뛰어들어 적극적으로 일할 태세를 갖춘다는 말이에요. 여기서 '태세'는 어떤 일이나 상황을 앞둔 태도나 자세를 말해요.

'걷어붙이다'는 소매나 바짓가랑이 따위를 말아 올린다는 뜻이야.

소리 내 읽으며 또박또박 따라 써 보세요.

팔	을		걷	어	붙	이	다	.	
팔	을		걷	어	붙	이	다	.	

팔을 걷어붙이다.

난 이렇게 써먹을 거야!

손톱도 안 들어가다

사람됨이 몹시 야무지고 인색하다는 말이에요. 여기서 '인색하다'는 어떤 일을 하는 데 대하여 지나치게 너그럽지 못하고 쌀쌀하다는 뜻이에요.

손톱이 들어간 관용구로는 **'손톱 하나 까딱하지 않다'**가 있어. 아무 일도 안 하고 뻔뻔하게 놀고만 있다는 말이야.

소리 내 읽으며 또박또박 따라 써 보세요.

손	톱	도		안		들	어	가	다.
손	톱	도		안		들	어	가	다.

손톱도 안 들어가다.

난 이렇게 써먹을 거야!

정상에 선 뽀기

이를 악물다

매우 어렵거나 힘든 상황을 애써 견디거나 꾹 참는다는 말이에요. 또 다른 말로는 힘에 겨운 곤란이나 난관을 헤쳐 나가려고 비상한 결심을 한다는 말도 있어요. '이를 깨물다', '이를 물다' 등으로도 말해요.

정상으로 갈수록
분위기가 달라지네.

예전에도
이 산에 이런 곳이
있었나?

저기다!
저기가 정상인가 봐.
더 높은 곳은 없어.

휴~,
이를 악물고
앞만 보고 올라왔더니
너무 힘드네.

'악물다'는 단단히 결심하거나 무엇을 참아 견딜 때에 힘주어 이를 꼭 마주 문다는 뜻이야.

소리 내 읽으며 또박또박 따라 써 보세요.

이	를		악	물	다	.			
이	를		악	물	다	.			

이를 악물다.

난 이렇게 써먹을 거야!

허리를 펴다

어려운 고비를 넘기고 편하게 지낼 수 있게 된다는 말이에요. '고비'는 일이 되어 가는 과정에서 가장 중요한 단계나 대목 또는 막다른 절정을 뜻해요.

허리가 들어간 관용구로는 **'허리가 끊어지다'**가 있어. 웃음을 참을 수 없어 고꾸라질 듯이 마구 웃는다는 말이야.

소리 내 읽으며 또박또박 따라 써 보세요.

허리를 펴다.

허리를 펴다.

허리를 펴다.

난 이렇게 써먹을 거야!

허파에 바람 들다

실없이 행동하거나 지나치게 웃어 댄다는 말이에요. 여기서 '실없다'는 말이나 하는 짓이 참되지 않고 믿음이 가지 못하다는 뜻이에요.

'허파'는 가슴안의 양쪽에 있는, 원뿔을 반 자른 것과 비슷한 모양의 호흡을 하는 기관을 말해.

소리 내 읽으며 또박또박 따라 써 보세요.

허	파	에		바	람		들	다	.
허	파	에		바	람		들	다	.

허파에 바람 들다.

난 이렇게 써먹을 거야!

59 손이 크다

씀씀이가 후하고 크다는 말이에요. 또 다른 말로는 수단이 좋고 많다는 말도 있어요. '씀씀이'는 돈이나 물건 혹은 마음 따위를 쓰는 정도를 뜻해요.

우걱
우걱
우걱
숙
숙
된장찌개, 고기반찬, 김치….
반찬이 엄청 많잖아!

쩝쩝~,
너무 맛있어!
그래!
이 맛이지!
쩝쩝
쩝쩝

휴~,
잘 먹었다!
퍽
누가 만들었는지 몰라도
손이 큰가 봐.
양이 엄청 많았어.

비슷한 관용구로는 **'손이 걸다'**, **'아귀가 크다'**가 있고, 반대 관용구로는 **'손이 작다'**가 있어.

소리 내 읽으며 또박또박 따라 써 보세요.

손	이		크	다	.				
손	이		크	다	.				

손이 크다.

난 이렇게 써먹을 거야!

발이 저리다

지은 죄가 있어 마음이 조마조마하거나 편안치 않다는 말이에요. '죄'는 양심이나 도리에 벗어난 행위를 뜻해요.

래야의 말공부

저리다[저리다]: 뼈마디나 몸의 일부가 쑤시듯이 아프거나 감각이 둔하다.
절이다[저리다]: 생선 따위를 소금기 따위에 담가 간이 배어들게 하다.

소리 내 읽으며 또박또박 따라 써 보세요.

발	이		저	리	다	.			
발	이		저	리	다	.			

발이 저리다.

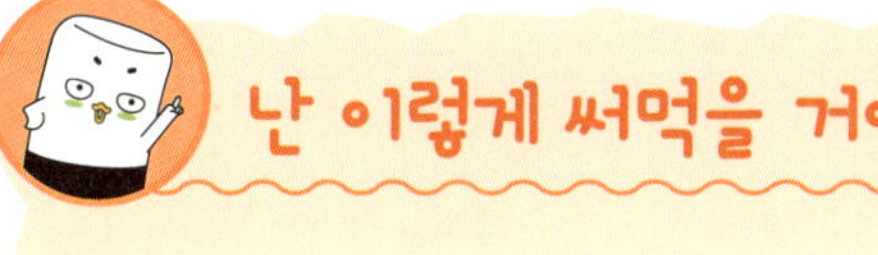

낯짝이 소가죽보다 더 두껍다

부끄러움이나 염치가 전혀 없다는 말이에요. '염치'는 체면을 차릴 줄 알며 부끄러움을 아는 마음을 뜻해요.

비슷한 관용구로는 **'낯이 두껍다'**, **'얼굴이 두껍다'**가 있어.

소리 내 읽으며 또박또박 따라 써 보세요.

낯	짝	이		소	가	죽	보	다	
더		두	껍	다	.				

낯	짝	이		소	가	죽	보	다	
더		두	껍	다	.				

낯짝이 소가죽보다 더 두껍다.

난 이렇게 써먹을 거야!

입에 침이 마르다

다른 사람이나 물건에 대하여 거듭해서 말한다는 말이에요. '거듭하다'는 어떤 일을 자꾸 되풀이한다는 뜻이에요.

반대 관용구로는 **'입에 자물쇠를 채우다'**가 있어. 말하지 않는다는 말이야.

소리 내 읽으며 또박또박 따라 써 보세요.

입	에		침	이		마	르	다	.
입	에		침	이		마	르	다	.

입에 침이 마르다.

난 이렇게 써먹을 거야!

63 코를 빠뜨리다

못 쓰게 만들거나 일을 망친다는 말이에요. '망치다'는 잘못하여 그르치거나 아주 못 쓰게 만든다는 뜻이에요.

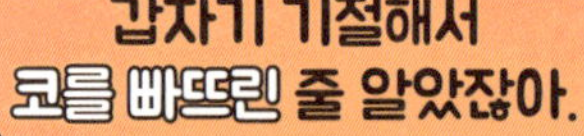

'빠뜨리다'의 뜻 ① 어떤 깊숙한 곳에 빠지게 하다.
② 어려운 지경에 놓이게 하다.
③ 부주의로 물건을 흘리어 잃어버리다.

소리 내 읽으며 또박또박 따라 써 보세요.

코	를		빠	뜨	리	다	.		
코	를		빠	뜨	리	다	.		

코를 빠뜨리다.

난 이렇게 써먹을 거야!

화가 머리끝까지 나다

극도로 화가 난다는 말이에요. '극도'는 더할 수 없는 정도라는 뜻이에요. 화가 머리 끝까지 치민다라고도 말해요.

음식은 맛있었어?

앗! 아까랑 같은 질문이잖아. 아까 맛있다고 말해서 나를 잡아먹는다고 했지.

빨리 대답하라고!

맛이 없었다고 하면, 나도 맛없다고 생각해 잡아먹지 않겠지?

진짜 맛없었어요!

너무 맛없어서 똥을 씹는 줄 알았다고요! 그건 스노노가 한 요리보다도 훨씬 맛없었어요!

역시 아까 거짓말한 거군! 화가 머리끝까지 나는구나!!

부들

부들

하하~, 난 역시 바보였군.

반대 관용구로는 **'마음을 삭이다'**가 있어. 맺히거나 격한 감정을 가라앉힌다는 말이야.

소리 내 읽으며 또박또박 따라 써 보세요.

화	가		머	리	끝	까	지		나
다	.								

화	가		머	리	끝	까	지		나
다	.								

화가 머리끝까지 나다.

난 이렇게 써먹을 거야!

엉덩이가 근질근질하다

한군데 가만히 앉아 있지 못하고 자꾸 일어나 움직이고 싶어 한다는 말이에요. 여기서 '근질근질하다'는 어떤 일을 몹시 하고 싶어 참기가 매우 어렵다는 뜻이에요.

엉덩이가 들어간 관용구로는 **'엉덩이가 구리다'**, **'엉덩이가 가볍다'**, **'엉덩이가 무겁다'**처럼 재미있는 관용구가 많아.

소리 내 읽으며 또박또박 따라 써 보세요.

엉덩이가 근질근질하다.

엉덩이가 근질근질하다.

엉덩이가 근질근질하다.

난 이렇게 써먹을 거야!

episode. 7

공동묘지로 간 찹이

귀가 간지럽다

남이 제 말을 한다고 느낀다는 말이에요. '귀가 가렵다'라고도 말해요.

간지럽다[간지럽따]: 무엇이 살에 닿아 가볍게 스칠 때처럼 견디기 어렵게 자리자리한 느낌이 있다.
가렵다[가렵따]: 피부에 긁고 싶은 느낌이 있다.

소리 내 읽으며 또박또박 따라 써 보세요.

귀	가		간	지	럽	다	.		
귀	가		간	지	럽	다	.		

귀가 간지럽다.

난 이렇게 써먹을 거야!

목을 풀다

창, 노래, 연설 따위를 하기에 앞서 목소리를 가다듬는다는 말이에요. '가다듬다'는 목청을 고르다는 뜻이에요.

'풀다'의 뜻 ① 마음에 맺혀 있는 것을 해결하여 없애거나 품고 있는 것을 이루다.
② 피로나 독기 따위를 없어지게 하다.
③ 긴장된 상태를 부드럽게 하다.

소리 내 읽으며 또박또박 따라 써 보세요.

목을 풀다.

목을 풀다.

목을 풀다.

난 이렇게 써먹을 거야!

68 손이 저리다

뜻밖의 상황에 놀라거나 다급해진다는 말이에요. 여기서 '다급하다'는 일이 바싹 닥쳐서 매우 급하다는 뜻이에요.

손이 들어간 관용구로는 **'손을 내밀다'**, **'손을 떼다'**, **'손에 익다'**처럼 일상에서 자주 쓰이는 관용구가 많아.

소리 내 읽으며 또박또박 따라 써 보세요.

손	이		저	리	다	.			
손	이		저	리	다	.			

손이 저리다.

난 이렇게 써먹을 거야!

69 발이 떨어지지 않다

애착, 미련, 근심, 걱정 따위로 마음이 놓이지 않아 선뜻 떠날 수가 없다는 말이에요. 여기서 '선뜻'은 동작이 빠르고 시원스러운 모양을 뜻해요.

비슷한 관용구로는 **'발걸음이 떨어지지 않다'**, **'발길이 떨어지지 않다'**가 있어.

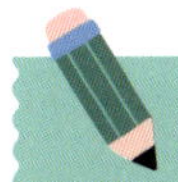

소리 내 읽으며 또박또박 따라 써 보세요.

발	이		떨	어	지	지		않	다
발	이		떨	어	지	지		않	다

발이 떨어지지 않다.

난 이렇게 써먹을 거야!

발이 넓다

사귀어 아는 사람이 많아 활동하는 범위가 넓다는 말이에요. 여기서 '범위'는 어떤 것이 미치는 한계를 뜻해요.

한 단어로 말하면 **'마당발'**이라고 말할 수 있어. 인간관계가 넓어서 폭넓게 활동하는 사람을 뜻해.

소리 내 읽으며 또박또박 따라 써 보세요.

발	이		넓	다	.				
발	이		넓	다	.				

발이 넓다.

난 이렇게 써먹을 거야!

손에 걸리다

어떤 사람의 손아귀에 잡혀 든다는 말이에요. 또 다른 말로는 너무 흔하여 어디나 다 있다 또는 마음이 차분해져 일할 마음이 내키고 능률이 난다는 말도 있어요.

비슷한 관용구로는 **'손에 잡히다'**, **'손에 붙다'**가 있어. 마음이 차분해져 일할 마음이 내키고 능률이 난다는 뜻이야.

소리 내 읽으며 또박또박 따라 써 보세요.

손에 걸리다.

손에 걸리다.

손에 걸리다.

난 이렇게 써먹을 거야!

목덜미를 잡히다

어떤 약점이나 중요한 곳을 잡힌다는 말이에요. 또 다른 말로는 피할 수 없이 죄가 드러나게 된다는 말도 있어요.

'목덜미'는 목의 뒤쪽 부분과 그 아래 근처를 뜻해.

소리 내 읽으며 또박또박 따라 써 보세요.

목	덜	미	를		잡	히	다	.	
목	덜	미	를		잡	히	다	.	

목덜미를 잡히다.

난 이렇게 써먹을 거야!

입방아를 찧다

말을 방정맞게 자꾸 한다는 말이에요. '방정맞다'는 말이나 행동이 찬찬하지 못하고 몹시 까불어서 가볍고 점잖지 못하다 또는 몹시 요망스럽게 보여서 불길하게 느끼거나 상서롭지 못하다는 뜻이에요.

'**입방아**'는 어떤 사실을 화제로 삼아 이러쿵저러쿵 쓸데없이 입을 놀리는 일을 뜻해.

소리 내 읽으며 또박또박 따라 써 보세요.

입	방	아	를		찧	다	.		
입	방	아	를		찧	다	.		

입방아를 찧다.

난 이렇게 써먹을 거야!

두 손 두 발 다 들다

'두 손 들다'를 강조한 말로, 자기 능력에서 벗어나 그만둔다는 말이에요. 또 다른 말로는 전적으로 환영하거나 찬성한다는 말도 있어요.

래야의 말공부

두 손이 들어간 관용구로는 **'두 손 맞잡고 앉다'**가 있어. 아무 일도 하지 않고 가만히 있다는 말이야.

소리 내 읽으며 또박또박 따라 써 보세요.

두		손		두		발		다	
들	다	.							

두		손		두		발		다	
들	다	.							

두 손 두 발 다 들다.

난 이렇게 써먹을 거야!

75 발이 손이 되도록 빌다

손만으로는 부족하여 발까지 동원할 정도로 간절히 빈다는 말이에요. '동원하다'는 어떤 목적을 달성하고자 사람을 모으거나 물건, 수단, 방법 따위를 집중한다는 뜻이에요.

발이 들어간 관용구로는 **'발을 빼다'**, **'발 뻗고 자다'**, **'발이 묶이다'**처럼 다양한 관용구가 많아.

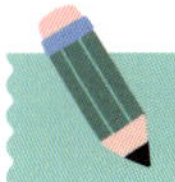

소리 내 읽으며 또박또박 따라 써 보세요.

발이 손이 되도록 빌다.

발이 손이 되도록 빌다.

발이 손이 되도록 빌다.

난 이렇게 써먹을 거야!

episode. 8

두야와 달걀귀신

등을 떠밀다

일을 억지로 시키거나 부추긴다는 말이에요. '부추기다'는 남의 마음을 일으켜 어떤 일을 하게 만든다는 뜻이에요.

'떠밀다'의 뜻 ① 힘껏 힘을 주어 앞으로 나아가게 하다.
② 어떤 일이나 책임을 남에게 넘기다.

소리 내 읽으며 또박또박 따라 써 보세요.

등	을		떠	밀	다	.			
등	을		떠	밀	다	.			

등을 떠밀다.

난 이렇게 써먹을 거야!

77 꽁무니가 빠지게

몹시 빨리 도망치거나 달아나는 모습을 비유적으로 이르는 말이에요. '꽁무니'는 엉덩이를 중심으로 한, 몸의 뒷부분을 뜻해요.

비슷한 관용구로는 **'꼬리가 빠지게'**, **'뒤꽁무니를 빼다'** 등이 있어.

소리 내 읽으며 또박또박 따라 써 보세요.

꽁	무	니	가		빠	지	게	.	
꽁	무	니	가		빠	지	게	.	

꽁무니가 빠지게.

난 이렇게 써먹을 거야!

납작코가 되다

체면, 자존심 따위가 손상된다는 말이에요. 여기서 '납작코'는 콧날이 서지 않고 납작하게 가로퍼진 코를 뜻해요.

이제 내가 너만 잡아가면 모두 끝이지!

아깐 도망쳤으면서, 흥! 어디 한번 잡아 봐! 하나도 안 무서워.

귀신이라더니, 별로 무섭지 않네!

내… 내가 안 무섭다고?

귀신답지 못하다고 항상 놀림을 받으며 납작코가 되었는데,

반드시 잡아서 달라진 모습을 보여 주겠어!

꽈악

꽈악

반대 관용구로는 **'콧대가 높다'**가 있어. 잘난 체하고 뽐내는 태도가 있다는 말이야.

소리 내 읽으며 또박또박 따라 써 보세요.

납	작	코	가		되	다	.		
납	작	코	가		되	다	.		

납작코가 되다.

난 이렇게 써먹을 거야!

눈을 의심하다

잘못 보지 않았나 하여 믿지 않고 이상하게 생각한다는 말이에요.

한 단어로 말하면 **'불신하다'**라고 말할 수 있어. 믿지 않다 또는 믿지 못한다는 뜻이야.

소리 내 읽으며 또박또박 따라 써 보세요.

눈	을		의	심	하	다	.		
눈	을		의	심	하	다	.		

눈을 의심하다.

난 이렇게 써먹을 거야!

목이 막히다

설움이 북받친다는 말이에요. '설움'은 서럽게 느껴지는 마음을 뜻해요. 비슷한 말로는 서러움이 있어요.

아등바등

아등바등

큭!
도망치다가 화살나무에
걸려 버렸어!

화살나무에
닿으면 귀신들은
점점 타들어 가지.

화르르

화르르

윽!
따가워!

화르르

으으, 분하다!
너무 분해서
목이 막혀 오는구나.

화르르

흑흑, 여기서 이렇게
타들어 가다니….

화르르

화르르

'막히다'의 뜻 ① 길, 통로 따위가 통하지 못하게 되다.
② 기운 따위의 흐름이 원활하지 않게 되다.
③ 어이가 없거나 할 말이 궁색하여 말이 나오지 않다.

소리 내 읽으며 또박또박 따라 써 보세요.

목	이		막	히	다	.			
목	이		막	히	다	.			

목이 막히다.

난 이렇게 써먹을 거야!

팔짱을 끼고 보다

앞에서 벌어지고 있는 일을 나서서 해결하려 하지 않고 보고만 있다는 말이에요.

왜! 나를 구해 준 거지? 너도 나를 겁쟁이라고 불쌍하게 보는 거야?

척

그래, 그런데 난 이러고 있을 시간이 없어. 어서 귀신들에게 잡혀간 친구들을 구해야 해!

넌 귀신들이 안 무서워?

아냐, 나도 학교에서 겁쟁이라고 놀림받거든. 그래서 네 마음을 잘 알아.

정말? 너도 나랑 비슷하구나.

응! 친구들이 위험한데, 팔짱을 끼고 보고만 있을 수는 없잖아!

뭐야? 지금도 무서워서 벌벌 떨고 있으면서.

덜덜

래야의 말공부

'팔짱'은 두 손을 각각 다른 쪽 소매 속에 마주 넣거나, 두 팔을 마주 끼어 손을 두 겨드랑이 밑으로 각각 두는 일을 뜻해.

소리 내 읽으며 또박또박 따라 써 보세요.

팔	짱	을		끼	고		보	다	.
팔	짱	을		끼	고		보	다	.

팔짱을 끼고 보다.

난 이렇게 써먹을 거야!

82

귀에 들어가다

누구에게 알려진다는 말이에요. 여기서 '들어가다'는 말이나 글의 내용이 이해되어 머릿속에 남는다는 뜻이에요.

넌 내 친구들이 어디 있는지 알잖아? 위치만이라도 알려 줘!

알았어. 알려 줄게. 하지만 절대 내가 얘기했다고 말하지 마!

척

만약 각시탈귀신에게 들키면 난 죽음보다 더 고통스러운 벌을 받을 거라고.

덜덜

덜덜

절대! 각시탈귀신의 귀에 들어가면 안 돼! 알았지?

덜덜

덜덜

귀가 들어간 관용구로는 **'귀를 기울이다'**, **'귀가 얇다'**, **'귀를 세우다'**처럼 재미있는 관용구가 많아.

소리 내 읽으며 또박또박 따라 써 보세요.

귀	에		들	어	가	다	.		
귀	에		들	어	가	다	.		

귀에 들어가다.

난 이렇게 써먹을 거야!

episode. 9

공포산의 귀신들

83 허리띠를 졸라매다
84 어깨에 걸머지다
85 엉덩이가 구리다
86 양다리를 걸치다
87 머리가 무겁다
88 손에 땀을 쥐다
89 손꼽아 기다리다
90 눈을 돌리다
91 등을 돌리다

허리띠를 졸라매다

마음먹은 일을 이루려고 새로운 결의와 단단한 각오로 일에 임한다는 말이에요. 또 다른 말로는 검소한 생활을 하다 또는 배고픔을 참는다는 말도 있어요.

'졸라매다'는 느슨하지 않도록 단단히 동여맨다는 뜻이야. 여기서 동여매다는 끈이나 새끼, 실 따위로 두르거나 감거나 하여 묶는다는 뜻이지.

소리 내 읽으며 또박또박 따라 써 보세요.

허	리	띠	를		졸	라	매	다	.
허	리	띠	를		졸	라	매	다	.

허리띠를 졸라매다.

난 이렇게 써먹을 거야!

어깨에 걸머지다

무거운 책임 따위를 맡게 된다는 말이에요. 여기서 '걸머지다'는 책임이나 임무 따위를 떠맡는다는 뜻이에요.

아 참! 달걀귀신이 귀신바위 뒤쪽으로 가라고 했었지.

귀신바위 뒤로 돌아가면 바닥에 각시탈귀신의 머리카락이 놓여 있을 거야.

그걸 가방 속 무당의 가위로 자르면 돼.

이제 들키지만 않고, 이걸 자르면 주술이 풀리고 친구들이 돌아올 거야.

두려워 말자, 두야야! 친구들을 구하는 건 내 어깨에 걸머진 일이야. 꼭 성공해야 해!

찰캉

찰캉

척

래야의 말공부

반대 관용구로는 **'어깨가 가볍다'**가 있어. 무거운 책임에서 벗어나거나 그 책임을 덜어 마음이 홀가분하다는 말이야.

소리 내 읽으며 또박또박 따라 써 보세요.

어	깨	에		걸	머	지	다	.	
어	깨	에		걸	머	지	다	.	

어깨에 걸머지다.

난 이렇게 써먹을 거야!

엉덩이가 구리다

방귀를 뀌어 구린내가 난다는 뜻으로, 부정이나 잘못을 저지른 장본인 같다는 말이에요. '장본인'은 어떤 일을 꾀하여 일으킨 바로 그 사람을 뜻해요.

'구리다'의 뜻 ① 똥이나 방귀 냄새와 같다.
② 하는 짓이 더럽고 지저분하다.
③ 행동이 떳떳하지 못하고 의심스럽다.

소리 내 읽으며 또박또박 따라 써 보세요.

엉	덩	이	가		구	리	다	.	
엉	덩	이	가		구	리	다	.	

엉덩이가 구리다.

난 이렇게 써먹을 거야!

양다리를 걸치다

양쪽에서 이익을 보려고 두 편에 다 관계를 가진다는 말이에요. 여기서 '양다리'는 양쪽 다리를 뜻해요.

비슷한 관용구로는 **'두 다리를 걸치다'**가 있어.

소리 내 읽으며 또박또박 따라 써 보세요.

양	다	리	를		걸	치	다	.	
양	다	리	를		걸	치	다	.	

양다리를 걸치다.

난 이렇게 써먹을 거야!

머리가 무겁다

기분이 좋지 않거나 골이 띵하다는 말이에요. '띵하다'는 울리듯 아프고 정신이 흐릿하다는 뜻이에요.

반대 관용구로는 **'머리가 가볍다'**가 있어. 상쾌하여 마음이나 기분이 거뜬하다는 말이야.

소리 내 읽으며 또박또박 따라 써 보세요.

머	리	가		무	겁	다	.		
머	리	가		무	겁	다	.		

머리가 무겁다.

난 이렇게 써먹을 거야!

손에 땀을 쥐다

아슬아슬하여 마음이 조마조마하고 몹시 애달다는 말이에요. '애달다'는 마음이 쓰여 속이 달아오르는 듯하게 된다는 뜻이에요.

비슷한 관용구로는 **'간을 졸이다'**가 있어. 매우 걱정되고 불안스러워 마음을 놓지 못한다는 말이야.

소리 내 읽으며 또박또박 따라 써 보세요.

손	에		땀	을		쥐	다	.	
손	에		땀	을		쥐	다	.	

손에 땀을 쥐다.

난 이렇게 써먹을 거야!

손꼽아 기다리다

기대에 차 있거나 안타까운 마음으로 날짜를 꼽으며 기다린다는 말이에요. 여기서 '꼽다'는 수나 날짜를 세려고 손가락을 하나씩 헤아린다는 뜻이에요.

'손꼽다'의 뜻 ① 손가락을 하나씩 고부리며 수를 헤아리다.
② 많은 가운데 다섯 손가락 안에 들 만큼 뛰어나거나 그 수가 적다.
③ 여럿 중에서 뛰어나다고 여기다.

소리 내 읽으며 또박또박 따라 써 보세요.

손	꼽	아		기	다	리	다	.	
손	꼽	아		기	다	리	다	.	

손꼽아 기다리다.

난 이렇게 써먹을 거야!

90 눈을 돌리다

관심을 돌린다는 말이에요. 여기서 '돌리다'는 생각이나 노선을 바꾸게 한다는 뜻이에요.

비슷한 관용구로는 **'눈길을 거두다'**가 있어. 보고 있던 것에서 다른 것으로 눈을 돌린다는 말이야.

소리 내 읽으며 또박또박 따라 써 보세요.

눈	을		돌	리	다	.			
눈	을		돌	리	다	.			

눈을 돌리다.

난 이렇게 써먹을 거야!

등을 돌리다

뜻을 같이하던 사람이나 단체와 관계를 끊고 배척한다는 말이에요. '배척하다'는 따돌리거나 거부하여 밀어 내친다는 뜻이에요.

등이 들어간 관용구로는 **'등을 대다'**가 있어. 남의 세력에 의지한다는 말이야.

소리 내 읽으며 또박또박 따라 써 보세요.

등	을		돌	리	다	.			
등	을		돌	리	다	.			

등을 돌리다.

난 이렇게 써먹을 거야!

episode. 10

반격의 시작

어깨를 나란히 하다

같은 목적으로 함께 일한다는 말이에요. 또 다른 말로는 나란히 서거나 나란히 서서 걷는다 또는 서로 비슷한 지위나 힘을 가진다는 말도 있어요.

나란히(○) VS 나란이(×), **꼼꼼히**(○) VS 꼼꼼이(×), **빈번히**(○) VS 빈번이(×)

소리 내 읽으며 또박또박 따라 써 보세요.

어	깨	를		나	란	히		하	다
어	깨	를		나	란	히		하	다

어깨를 나란히 하다.

난 이렇게 써먹을 거야!

눈치코치도 모르다

도무지 남의 생각이나 태도를 알아차리지 못한다는 말이에요. '눈치코치'는 눈치를 강조하여 속되게 이르는 말을 뜻해요.

반대 관용구로는 **'눈치코치 다 알다'**가 있어. 온갖 눈치를 다 짐작하여 안다는 말이야.

소리 내 읽으며 또박또박 따라 써 보세요.

눈	치	코	치	도		모	르	다	.
눈	치	코	치	도		모	르	다	.

눈치코치도 모르다.

난 이렇게 써먹을 거야!

손발이 맞다

함께 일을 하는 데에 마음이나 의견, 행동 방식 따위가 서로 맞는다는 말이에요. '손발'은 손과 발을 아울러 이르는 말을 뜻해요.

래야의 말공부

손발이 들어간 관용구로는 **'손발을 맞추다'**, **'손발을 치다'**, **'손발을 걷다'**처럼 재미있는 관용구가 많아.

소리 내 읽으며 또박또박 따라 써 보세요.

손	발	이		맞	다	.			
손	발	이		맞	다	.			

손발이 맞다.

난 이렇게 써먹을 거야!

95

머리털이 곤두서다

무섭거나 놀라서 날카롭게 신경이 긴장된다는 말이에요. '머리칼이 곤두서다'라고도 말해요. 머리칼은 머리카락을 줄인 말이에요.

'곤두서다'의 뜻 ① 거꾸로 꼿꼿이 서다.

② 신경 따위가 날카롭게 긴장하다.

소리 내 읽으며 또박또박 따라 써 보세요.

머	리	털	이		곤	두	서	다	.
머	리	털	이		곤	두	서	다	.

머리털이 곤두서다.

난 이렇게 써먹을 거야!

발 벗고 나서다

적극적으로 나선다는 말이에요. '맨발 벗고 나서다'라고도 말해요.

반대 관용구로는 **'발이 내키지 않다'**가 있어. 마음에 내키지 않거나 서먹서먹하여 선뜻 행동에 옮겨지지 않는다는 말이야.

소리 내 읽으며 또박또박 따라 써 보세요.

발		벗	고		나	서	다	.	
발		벗	고		나	서	다	.	

발 벗고 나서다.

난 이렇게 써먹을 거야!

손가락 안에 꼽히다

어떤 단체나 무리 중에서 몇 되지 않게 특별하다는 말이에요. '손가락 안에 들다'라고도 말해요.

손가락이 들어간 관용구로는 **'엄지손가락으로 치다'**가 있어. 여럿 가운데 제일로 여긴다는 말이야.

소리 내 읽으며 또박또박 따라 써 보세요.

손	가	락		안	에		꼽	히	다

.

손	가	락		안	에		꼽	히	다

.

손가락 안에 꼽히다.

난 이렇게 써먹을 거야!

옆구리를 찌르다

팔꿈치나 손가락으로 옆구리를 찔러서 비밀스럽게 신호를 보낸다는 말이에요. 여기서 '신호'는 일정한 소리, 몸짓 따위로 특정한 내용 또는 정보를 전달하거나 지시하는 것을 뜻해요.

비슷한 관용구로는 **'눈짓하다'**가 있어. 눈을 움직여서 상대편에게 어떤 뜻을 전달하거나 암시하는 동작을 한다는 말이야. 여기서 암시하다는 드러나지 않게 가만히 알린다는 뜻이야.

소리 내 읽으며 또박또박 따라 써 보세요.

옆	구	리	를		찌	르	다	.	
옆	구	리	를		찌	르	다	.	

옆구리를 찌르다.

난 이렇게 써먹을 거야!

99 무릎을 꿇다

항복하거나 굴복한다는 말이에요. 여기서 '굴복하다'는 힘이 모자라서 복종한다는 뜻이에요.

꿇다[꿀타]: 무릎을 구부려 바닥에 대다.

끓다[끌타]: 액체가 몹시 뜨거워져서 소리를 내면서 거품이 솟아오르다.

소리 내 읽으며 또박또박 따라 써 보세요.

무릎을 꿇다.

무릎을 꿇다.

무릎을 꿇다.

난 이렇게 써먹을 거야!

콧등이 시큰하다

어떤 일에 감격하거나 슬퍼서 눈물이 나오려 한다는 말이에요. 여기서 '시큰하다'는 관절 따위가 삐었을 때처럼 거북하게 저리다는 뜻이에요.

콧등이 들어간 관용구로는 **'콧등이 시다'**가 있어. 하는 말이나 행동이 눈에 매우 거슬려 불쾌하다는 말이야.

소리 내 읽으며 또박또박 따라 써 보세요.

콧	등	이		시	큰	하	다	.	
콧	등	이		시	큰	하	다	.	

콧등이 시큰하다.

난 이렇게 써먹을 거야!

읽으면서 바로 써먹는

어린이 신체 관용구 따라쓰기

초판 발행 2026년 3월 5일
초판 인쇄 2026년 2월 26일

글·그림 한날

펴낸이 정태선
펴낸곳 파란정원
출판등록 제395-2010-000070호
주소 서울특별시 은평구 가좌로 175, 5층
전화 02-6925-1628 | **팩스** 02-723-1629
제조국 대한민국 | **사용연령** 8세 이상 어린이
홈페이지 www.bluegarden.kr | **전자우편** eatingbooks@naver.com
종이 다올페이퍼 | **인쇄** 조일문화인쇄사 | **제본** 경문제책사

ISBN 979-11-5868-313-9 74700
ISBN 979-11-5868-255-2 74700(세트)
*이 책에 사용된 관용구와 낱말의 뜻은 국립국어원 표준국어대사전을 기초로 하였습니다.